Bibliografische Information der Deutschen Nationalbibliothek:

Die Deutsche Bibliothek verzeichnet diese Publikation in der Deutschen National-
bibliografie; detaillierte bibliografische Daten sind im Internet über http://dnb.d-
nb.de/ abrufbar.

Impressum:

Copyright © 2016 GRIN Verlag, Open Publishing GmbH
Druck und Bindung: Books on Demand GmbH, Norderstedt Germany
ISBN: 9783668212183

Dieses Buch bei GRIN:

http://www.grin.com/de/e-book/322445/haben-kinder-das-recht-auf-religioese-
erziehung

Dimitri Minakov

Haben Kinder das Recht auf religiöse Erziehung?

Geschichte, rechtlicher Rahmen, Inhalte und Formen

GRIN Verlag

GRIN - Your knowledge has value

Der GRIN Verlag publiziert seit 1998 wissenschaftliche Arbeiten von Studenten, Hochschullehrern und anderen Akademikern als eBook und gedrucktes Buch. Die Verlagswebsite www.grin.com ist die ideale Plattform zur Veröffentlichung von Hausarbeiten, Abschlussarbeiten, wissenschaftlichen Aufsätzen, Dissertationen und Fachbüchern.

Besuchen Sie uns im Internet:

http://www.grin.com/

http://www.facebook.com/grincom

http://www.twitter.com/grin_com

Inhaltsverzeichnis:

1 Einleitung

Von Kindheit an sind junge Menschen auf ihre Eltern oder Bezugspersonen angewiesen, da sie ausreichende Zuwendung, Wärme, Schutz und eine notwendige Grundversorgung benötigen. In unserer säkularisierten Gesellschaft werden sie oft mit vielen Ideologien konfrontiert und nehmen tendenziell unreflektiert vieles an, was ihnen von Erwachsenen beigebracht wird. Viele Eltern fühlen sich unsicher, was religiöse Erziehung ihrer Kinder angeht. Obwohl einige Eltern sich eine weltanschaulich neutrale Erziehung wünschen, da sie in der Religion oder religiöser Erziehung ihrer Kinder eine unzulässige Bevormundung sehen, sind andere Erziehungsberechtigte mit ihrem religiösen Hintergrund davon überzeugt, dass ihre Kinder auch ein Recht auf religiöse Erziehung haben sollten. Diese Überlegung leitet die vorliegende Arbeit zum Thema „Haben Kinder das Recht auf religiöse Erziehung?"

Dabei liegt der Fokus dieser Hausarbeit darauf, anhand einschlägiger Literaturrecherche den LeserInnen einen Einblick in die religiöse Kindererziehung aus der Sicht einiger Religionspädagogen aus dem deutschsprachigen Raum zu verschaffen. Zuerst werde ich den Religionsbegriff aus christlicher Sicht erklären. Danach wird ein kurzer Blick auf den historischen Hintergrund religiöser Erziehung geworfen. Im folgenden Kapitel werde ich den rechtlichen Rahmen für religiöse Erziehung darstellen, welcher bei diesem Thema ebenso ins Gewicht fällt.

Anschließend werde ich die Persönlichkeitsentwicklung nach Erikson sowie religiöses Verständnis von Kindern im Vorschulalter aufzeigen. Im Weiteren möchte ich Inhalte und Formen religiöser Erziehung schildern (ohne jedoch den Anspruch auf Vollständigkeit zu erheben), die an vier bekannten Lernorten praktiziert werden. Außerdem ist kurz auf die Hilfestellungen einzugehen, die Kinder bei ihren Lebens- und Glaubensfragen benötigen.

Zuletzt möchte ich das Ziel der religiösen Erziehung anhand der Aussagen der Religionspädagogen formulieren und dazu sieben Perspektiven nach Friedrich Schweitzer zeigen, wie Kinder von religiöser Erziehung profitieren können.

Schließlich werde ich im Fazit meine persönliche Stellung zu diesem Thema beziehen.

2 Religionsbegriff

In diesem Kapitel möchte ich die Begriffe „Religion" „Religiosität" und „religiöse Erziehung" definieren und mich hierbei besonders auf den letztgenannten fokussieren, der den Schwerpunkt meiner Arbeit bildet.

Es ist bekannt, dass es für den Begriff „Religion" keine allgemein gültige Definition gibt. Jeder Mensch versteht für sich darunter etwas anderes – zum Beispiel das Führen eines spirituellen Lebens, das Einhalten religiöser Rituale/Regeln oder die Zugehörigkeit zu einer bestimmten Glaubensgemeinschaft.

Vom lateinischen *religari* (zurückbinden) kann es Rückbindung an Transzendenz bedeuten (*transcendere*: überschreiten), also an das, was die Erfahrungswelt übersteigt. Als Phänomen ist die Religion der sichtbare Ausdruck religiöser Handlungen des Menschen und steht demnach für die objektiven Gegebenheiten. Dazu gehören Orte und Kirchen, an denen man sich zum Gebet oder zum Gottesdienst versammelt, religiös gestaltete Zeiten (Feste und Gebetszeiten), Rituale, heilige Bücher, Religionsvertreter und vieles mehr.[1]

„Religiosität ist demgegenüber die subjektive, die individuelle Seite von Religion, das was der und die Einzelne als seine und ihre Religion lebt, wie er oder sie religiös denkt, sich verhält, fühlt, handelt."[2] Für die Kinder bedeutet dies, dass sie eigene Erfahrungen in ihrem Glaubensleben machen und sich damit intensiv und reflektiert auseinandersetzen können. Deshalb sollten Eltern und Religionspädagogen die jeweilige Religiosität des Kindes beachten und dem Kind helfen, diese selbstständig weiter zu entwickeln.[3]

Laut Biesinger ist Religiosität das Ergebnis von Fremdeinflüssen und Selbsterfahrung. Sie kann zum einen unreflektiert übernommen werden, indem der

---

[1] Boschki 2008, S. 12f

[2] Angel 2006 in: Boschki 2008, S. 13

[3] Peterseil/Stadlbauer/Habringer-Hagleitner 2006, S. 9

Glaube des Kindes zur Familientradition wird, und zum anderen reflektiert gelebt werden, indem das Kind eine persönliche Beziehung zu Gott entwickelt.[4]

„Religiöse Erziehung" und „Religiöses Lehren" fokussieren dagegen auf den äußeren Vorgang, auf die Erziehenden und Lehrenden, auf deren Handeln und Intentionen. „Erziehen" wird vor allem für die Lernorte Familie und Kindergarten verwendet, „Lehren" für den Unterricht in Schule und Kirchengemeinde. Religiöse Erziehung nimmt die Fragen der Kinder nach Gott, nach dem Sinn im Leben, Leid und Tod ernst, greift sie auf und versucht gemeinsam mit den Kindern Antworten zu finden.[5]

Im sechsten Kapitel meiner Ausführung werden diese vier ausschlaggebende Lernorte für religiöse Erziehung ausreichend erörtert. Jetzt möchte ich nur kurz den geschichtlichen Hintergrund religiöser Erziehung anschneiden.

3 Geschichtlicher Hintergrund religiöser Erziehung

Meines Erachtens geht die heutige religiöse Erziehung auf jüdische und christliche Tradition zurück, von der man jeweils im Alten und Neuen Testament der Bibel erfahren kann.

3.1 Altes Testament

Im Deuteronomium erinnert der Prophet Mose sein Volk an ein wichtiges Gebot Gottes, in dem es sich um die Unterweisung der Kinder handelt:

„Und diese Worte, die ich dir heute gebiete, sollst du auf dem Herzen tragen, und du sollst sie deinen Kindern einschärfen und davon reden, wenn du in deinem Haus sitzt oder auf dem Weg gehst, wenn du dich niederlegst und wenn du aufstehst... so sollst du deinem Sohn sagen: Wir waren Knechte des Pharao in Ägypten, und der Herr führte uns mit starker Hand aus Ägypten... Und der Herr hat uns geboten, alle diese Satzungen zu halten, dass wir den Herrn, unseren Gott, fürchten und es uns gut geht alle Tage und er uns am Leben erhält, wie es heute der Fall ist. Und es wird uns zur Gerechtigkeit dienen, wenn wir

---

[4] Biesinger 2005, S. 51

[5] Boschki 2008, S. 13f; Peterseil/Stadlbauer/Habringer-Hagleitner 2006, S. 10

4

darauf achten, alle diese Gebote vor dem Herrn, unserem Gott, zu tun, wie er es uns geboten hat" (5.Mo 6,6-7.21.24-25).

Als höchste Priorität des jüdischen Volkes stand unbegrenzte Hingabe mit ganzem Herzen an Gott. Diese liebevolle Beziehung zu Gott musste im täglichen Leben durch den Gehorsam gegenüber Gottes Gesetzen ausgedrückt und gelebt werden. Die Kinder sollten sich ihren Eltern unterordnen und später gleichwohl den nachfolgenden Generationen erzählen, was sie selbst mit Gott erlebten und wie dieser Schöpfergott ihr ganzes Volk aus der ägyptischen Sklaverei befreite.

Die (soziale) Identität der neuen Generation bildete sich vor allem durch Entdecken, Erlernen und Übernehmen der Identität der Vorfahren sowie durch die mündliche und persönliche Überlieferung der Thora (wörtlich Weisung). Hieraus entstand die jüdische Pädagogik, die das gesamte menschliche Leben durchdringen und Herzenstief verinnerlicht werden sollte. Das Judentum hat seine Tradition bis in die Gegenwart bewahrt, so dass auch heute kein jüdischer Gottesdienst und kein privates Gebet ohne dieses *Sch'ma Jisrael*, das „Höre Israel" denkbar wäre.[6]

3.2 Neues Testament

In den Schriften des Neuen Testaments ist zwar nur gelegentlich von Kindern die Rede. Sie begegnen uns vor allem in der Kindersegnung Jesu (Mk 10,13-16), in den Wundergeschichten (Mt 8,5-13; Mt 15,21-28; Mk 9,14-29; Mk 5,21-43), darüber hinaus noch in manchen Gleichnissen und Erzählungen von Jesus Christus.[7]

In diesem Zusammenhang bringt Jesus seinen ZuhörerInnen jedoch bei, dass gerade den Kindern seine Hochschätzung, Anerkennung, sein Lob und das Reich Gottes gehört. Von dieser Gesellschaft sollen sie nicht ausgeschlossen sein, was damals eigentlich nicht selbstverständlich war, weil Kinder von vielen

---

[6] Boschki 2008, S. 18f
[7] Franke/ Hanisch 2000, S. 19f

Erwachsenen als „minderwertig" betrachtet wurden und beispielsweise die körperliche Züchtigung als das übliche Mittel der Erziehung galt.[8]

Anstatt in die Kirche zu gehen, wie man es heute gebräuchlich tut, haben sich Menschen damals zum Gottesdienst im Tempel oder den Häusern versammelt. Die Weitergabe der Botschaft Jesu, die Verkündigung des Gekreuzigten und Auferstandenen sowie die Sendung zur Verbreitung der frohen Botschaft (Evangelium), nach dem Willen Jesu gleichwohl auch an die Kinder, sind bis heute zentrale Anliegen des Neuen Testaments.[9]

Die Grundbotschaft des Neuen Testament, die Botschaft vom Kreuz und der Auferstehung Jesu, in der die Hoffnung auf ewiges Leben zu finden ist, war nicht nur damals ein Ärgernis für viele Menschen, sondern erscheint auch heute den meisten Zeitgenossen fremd und unattraktiv.

4 Rechtliche Rahmen für religiöse Erziehung

In Deutschland gelten zu Fragen der Religion, Bekenntnis oder Weltanschauung des Kindes im Verhältnis der Eltern untereinander sowie im Eltern-Kind-Verhältnis die Regeln des Gesetzes über die religiöse Kindererziehung (RKEG), welches bereits am 15.07.1921 in Kraft getreten ist und durch §31 des Betreuungsgesetzes vom 12.09.1990 geändert wurde.[10]

Es ist bekannt, dass der Staat in allen Glaubensfragen neutral bleibt, wenn das Wohl des Kindes nicht gefährdet ist, und den Eltern die Hauptverantwortung für die religiöse Erziehung ihres Kindes überlässt. In § 5 RKEG wird die Religionsmündigkeit des Kindes definiert und seine Religionsfreiheit betont:

„Nach der Vollendung des vierzehnten Lebensjahres steht dem Kind die Entscheidung darüber zu, zu welchem religiösen Bekenntnis es sich halten will. Hat das Kind das zwölfte Lebensjahr vollendet, so kann es nicht gegen seinen Willen in einem anderen Bekenntnis als bisher erzogen werden."[11]

---

[8] Franke/ Hanisch 2000, S. 18
[9] Boschki 2008, S. 21
[10] Raack W./ Doffing/Raack M. 2003, S. 164
[11] Raack W./ Doffing/Raack M. 2003, S. 221

Letztendlich gehört die Religionsfreiheit des Kindes zu den wichtigsten Anliegen der Kinderrechte und wird in Art.14 der Kinderrechtskonvention einem jeden Kind gewährleistet. Inhaltlich besagt jener Artikel 14,1 „Die Vertragsstaaten achten das Recht des Kindes auf Gedanken-, Gewissens- und Religionsfreiheit."[12]

Daraus lässt sich schließen, dass jedes Kind vom deutschen Staat ein Recht auf religiöse Erziehung haben darf und bei all seinen Glaubensfragen nicht behindert, sondern eher unterstützt werden soll.

In der Praxis kann es jedoch zu Schwierigkeiten kommen, den Kindern und ihren Eltern, welche die eigentlichen Rechte beziehungsweise Aufgaben im Hinblick auf religiöse Erziehung ihrer Kinder wahrnehmen und für sie unvermeidlich Entscheidungen treffen müssen, gerecht zu werden. Dazu kann beispielsweise die Auswahl der Muttersprache oder der Nationalität gehören, aber auch sehr komplizierte Fragen Befürwortung oder Ablehnung der Beschneidung der Jungen (bei jüdischen und muslimischen Kindern).[13]

Bei manchen religiösen Gemeinschaften wird auf die Bluttransfusion sowohl bei Erwachsenen als auch bei Kindern verzichtet, was diese in Lebensgefahr bringen kann.

Hieraus ergibt sich, dass Traditionen und religiöse Überzeugungen nicht dazu führen dürfen, dass Kindern eine bestimmte medizinische Behandlung vorenthalten wird. Deshalb soll und muss religiöse Erziehung gerade auch im Namen des Kindeswohls praktiziert werden.[14]

5   Persönlichkeitsentwicklung nach Erikson und religiöses Verständnis von Kindern im Vorschulalter

Die jeweilige Kultur mit oder ohne religiösen Hintergrund, in die das Kind hineingeboren wird, nimmt einen maßgeblichen Einfluss auf seine Persönlichkeitsentwicklung und nicht zuletzt auf erzieherisches Verhalten der Eltern.[15] Das

---

[12] Schweitzer 2013, S. 33
[13] ebd., S. 33
[14] ebd., S. 34
[15] Franke/ Hanisch 2000, S. 104

heißt, die Kinder werden nicht nur durch das häusliche Umfeld erzogen und geprägt, sondern sind ebenso fremden Einflüssen von außen ausgesetzt.

Der Psychoanalytiker und Religionspsychologe E.H. Erikson ging davon aus, dass die Entwicklung des Menschen nach einem bestimmten biologischen Grundplan geschieht, der im Embryo angelegt ist. Von der Geburt bis zum Eintritt in die Schule sind drei Grundkonflikte für die Entwicklung der kindlichen Persönlichkeit charakteristisch, die jeweils drei Altersphasen der Kinder repräsentieren[16]:

1. Grundvertrauen gegen Grundmisstrauen (0 bis 1 Jahr).
2. Autonomie gegen Scham und Zweifel (2 bis 3 Jahre).
3. Initiative gegen Schuld (4 bis 7 Jahre).

1) Im Laufe der ersten Lebensmonate entdeckt das Kind mit allen Sinnesorganen seine Umgebung, Eltern und naheliegende Gegenstände. In dieser Zeit geht es nicht ausdrücklich um religiöse Vorstellungen oder Gottesbilder, sondern um Verlässlichkeit und Grundvertrauen,[17] die sich aus dem wechselseitigen Austausch zwischen Mutter/Vater und Kind ergeben und eine solide Grundlage für persönliche Beziehung zu Gott bilden können.

Störungen des Grundvertrauens treten in der ersten Phase dann auf, wenn insbesondere die Mutter nicht mehr in der Lage ist, sich komplett auf das Kind einzustellen, dem Kind ihre volle Aufmerksamkeit zu schenken, eine gesunde Balance zwischen den alltäglichen Beschäftigungen und der Betreuung ihres Kindes zu haben.[18] In der ersten Altersphase können sich die Kinder Gott nur als „Gott-Vater" oder als „Gottes-Mutter" vorstellen.[19]

2) Grundlegend für die Entwicklung einer autonomen Persönlichkeit ist es nach Erikson, dem Kind die Möglichkeit zu geben, die Selbstkontrolle über seine Ausscheidungsorgane zu entwickeln. Die Eltern sollen sich den Kindern gegenüber geduldig, verbindlich und tolerant verhalten und von ihnen noch nicht zu viel erwarten, damit die Kinder nicht überfordert werden. Denn wenn Scham

---

[16] ebd., S. 104f

[17] Schweitzer 2013, S. 85

[18] Franke/ Hanisch 2000, S. 106

[19] Biesinger/ Kerner/ Klosinski/ Schweitzer 2005, S. 23

und Zweifel das kindliche Leben beherrschen, können dadurch sein Gottesbild und seine Gottesbeziehung erheblich belastet werden.[20]

Eltern werden ihrem Kind zu einem autonomen Leben verhelfen, indem sie selbst als eigenständige Persönlichkeiten in allen Lebensbereichen agieren und eigene Unsicherheiten überwinden.

3) Die dritte Altersphase des Vorschulalters ist durch die Aufdringlichkeit der Kinder charakterisiert. Sie wenden sich allem Neuen wissbegierig zu, sind sehr aktiv, stellen den Erwachsenen viele Fragen und äußern sich nicht selten aggressiv. Die elterliche Anforderungen (wie Regeln, Gebote und Verbote) können die Kinder schnell überfordern und bei ihnen sogar Schuldgefühle sowie Gewissenskonflikte hervorrufen, wenn Kinder sich beispielsweise für die Sexualität interessieren, mit der oft ihre Schuld- und Angstgefühle zusammenhängen.[21]

Stattdessen sollten Eltern ihre Kinder ermutigen, ihre Lebensfragen beantworten, mit ihnen spielen und in einer kindgerechten Sprache über dieses oder jenes Thema sprechen (beispielsweise anhand einer Puppe, eines Spielzeugs oder Bilderbuches), damit sich bei den Kindern kein Minderwertigkeitsgefühl entwickelt.

5.1 Negative Gottesbilder und Gottesvorstellungen

In den Entwicklungsstufen vom Kind hin zum Erwachsenen können bei jungen Menschen ganz unterschiedliche Bilder und Vorstellungen über Gott entstehen – sowohl positive als auch negative.

Ob das Kind ein positives oder negatives Gottesbild hat, hängt oft von dem religiösen Kontext ab, in dem sich der junge Mensch befindet und aufwächst. Eine kirchliche Orientierung kann den jungen Menschen beispielsweise dazu veranlassen, kritischen Fragen über die Existenz Gottes auszuweichen, weil er die sozialen Konflikte scheut, die mit der Beantwortung dieser Fragen verbunden sind. Ein atheistischer Kontext, wie er verbreitet in den neuen Bundesländern

---

[20] Franke/ Hanisch 2000, S. 110f
[21] ebd., S. 112-115

gegeben ist, wird bereits das Vorurteil provozieren, dass es Gott nicht gibt beziehungsweise dass er eine erfundene Gestalt ist.[22]

Wenn Kinder im Vorschulalter unbewältigten Krisen ausgesetzt sind oder gar groben Vertrauensverlust zu ihren Eltern erleben, können sich bei ihnen sowohl negative Elternbilder als auch falsche Gottesbilder entwickeln.

Schweitzer erwähnt vier derartige Gottesbilder[23], die nach der Auffassung von Karl Frielingsdorf verbreitet sind:

- Der „strafende Richtergott", der alles sieht und bestraft.
- Der „Todes"-Gott, der den Menschen nicht zum Leben befreit, sondern das Leben ablehnt und verneint.
- Der „Buchhalter- und Gesetzesgott", der jedes menschliche Vergehen gegen das Gesetz registriert und für die große Endabrechnung beim Letzten Gericht aufschreibt.
- Der „überfordernde Leistungsgott", der durch Übertreibung einer in sich guten Leistung letztendlich die Selbstzerstörung des Menschen erreicht.

Im nächsten Kapitel werden Inhalte und Formen religiöser Erziehung besprochen, welche auf die Bedürfnisse der Kinder abzielen.

6 Inhalte und Formen religiöser Erziehung

6.1 Lernort Familie

Allgemein ist bekannt, dass Deutschland weltweit zu den kinderärmsten Ländern gehört. Heutzutage sind Kind-Eltern-Beziehungen weniger hierarchisch-autoritär, sondern partnerschaftlich angelegt.[24]

In den ersten Lebensjahren werden Kinder in ihrem Elternhaus besonders geprägt, ihre Gewohnheiten werden geformt und ihre Weltanschauung gebildet.

---

[22] Hanisch 1996, S. 227
[23] Schweitzer 2013, S. 103
[24] Boschki 2008, S. 124

Die Kinder möchten wissen, woher sie kommen und wozu sie leben. Mit ihren Lebensfragen wenden sie sich in erster Linie an ihre Eltern als erste Gesprächspartnerlnnen. Deshalb spielt der religiöse oder eben komplett konfessionsfreie Hintergrund der Eltern bei der Kindererziehung eine wichtige Rolle. Eltern, in deren eigenen frühen Lebensjahren der christliche Glaube von großer Bedeutung war, können ihre Kinder heute mehr prägen als jene, die aus einem konfessionslosen Elternhaus stammen.

Denn es ist unmöglich, ein Kind im christlichen Glauben erziehen zu wollen, wenn im Elternhaus dafür keine Basis vorhanden ist.[25] Sollten die Eltern jedoch verschiedene Konfessionen haben bzw. unterschiedlichen Religionen angehören, sind sie im Bezug auf die religiöse Erziehung ihrer Kinder oft noch mehr herausgefordert und können hierüber in Streit geraten. Deshalb muss ein Kompromiss gefunden werden, nicht zuletzt um auch die Wünsche des Kindes berücksichtigen zu können.

Die Religionspädagogen bringen es auf den Punkt, wie eine fruchtbare Glaubenspraxis im Elternhaus aussehen kann. „Dazu gehört der gemeinsame Gottesdienstbesuch, das Gebet mit Kindern, das Erlernen von geistlichen Liedern, aber auch das bewusste Begehen der christlichen Feste."[26] Außerdem sollen Gebete in altersgemäßer, einfacher und konkreter Sprache formuliert und dürfen nicht als Erziehungshilfen missbraucht werden.[27]

Falls Eltern mit ihren Verpflichtungen bezüglich ihrer Kindererziehung überfordert sind oder sich unsicher fühlen, sollten sie für ihre Kinder die religionspädagogischen Angebote in anderen Einrichtungen beispielsweise in der Kindertagesstätte, Schule oder Kirchengemeinde aufsuchen.

6.2 Lernort Kindertagesstätte

Heutzutage werden Kindertagesstätten in Deutschland nicht mehr als reine Betreuungseinrichtungen angesehen, sondern sind auch als Stätten der Bildung anerkannt, die den religionspädagogischen Erziehungs- und Bildungsauftrag

---

[25] Franke/ Hanisch 2000, S. 148

[26] ebd., S. 148

[27] Biesinger 2005, S.106-109 Erziehungshilfe:Morgen soll das Kind brav sein und nicht streiten

haben, die Kinder in körperlicher, sprachlicher, geistiger, sozialer und religiöser Hinsicht zu unterstützen.[28]

Demnach gibt es konfessionell gebundene (evangelisch und katholisch) und städtische (konfessionsfreie) Kindertagesstätten. Besonders jeder konfessionell geprägte Kindergarten wird sich durch das christliche Menschenbild als Grundlage des pädagogischen Handelns auszeichnen und hat dabei die (selbstgestellte) Aufgabe, Kinder und ihre Eltern auf dem Weg zu einem gläubigen Leben zu fördern und zu unterstützen.[29]

Die Bibel besagt, dass der Mensch nach dem Bild Gottes geschaffen wurde und damit durch Gottes Existenz seine Würde erhält. In diesem Sinne sollen auch Kinder von ErzieherInnen behandelt und an den Glauben vorsichtig und sensibel herangeführt werden.

KindergartenpädagogInnen geben Impulse und schaffen für die Kinder eine entsprechende Umgebung, sodass diese das für sie Bedeutsame aufnehmen eigenständig verarbeiten und lernen können.[30] Darum werden aus den Kindern Persönlichkeiten, die im Leben verantwortlich handeln und auf ihre Gewissensentscheidung mehr achtgeben als auf Tendenzen, Moden und Strömungen in der Gesellschaft.

Aus diesem Grund werden viele soziale Kompetenzen in Kindertagesstätten gefördert wie zum Beispiel Freigiebigkeit, Hilfsbereitschaft, Rücksichtnahme etc.

6.3 Lernorte Schule und Kirchengemeinde

Zwei Lernorte Schule und Kirchengemeinde wurden von mir hier zusammengeschlossen, da es bei ihnen gewisse Überschneidungen vorhanden sind.

Es ist leicht zu merken, dass in den letzten Jahrzehnten das Interesse an Kirche und Religion in Deutschland sowohl bei Erwachsenen als auch bei Kindern abnimmt. Dabei können verschiedene Faktoren eine Rolle spielen, zum Beispiel - konfessionsfreier Hintergrund und Erziehungsstil der Eltern, unattraktive und

---

[28] Schweitzer 2013, S. 185-187

[29] Patenge 2006, S. 91f

[30] Peterseil/Stadlbauer/Habringer-Hagleitner 2006, S. 10

uninteressante Kirchenangebote oder sogar die Kirche als Bildungsinstitution selbst, die in den Verruf durch ihre Unmoral und Geldgier geraten ist. Trotzdem sind es keine entscheidende Gründe für Eltern, auf religiöse Erziehung ihrer Kinder zu verzichten.

Anton Bucher hat in Schülerbefragungen versucht herauszufinden, was SchülerInnen unter gutem Religionsunterricht verstehen. Guter Religionsunterricht:[31]

- bereitet den Lernenden Freude,
- ermöglicht Selbstständigkeit der Lernenden,
- wird von den SchülerInnen als lebensrelevant empfunden,
- bringt explizit religiöse Themen und Gott zur Sprache,
- peilt die ihm vorgegebenen Ziele an und erreicht sie zumindest partiell.

Außerdem eignen sich Kinder im Alltag Rituale (wiederholende wichtige Abläufe) an, die eine wesentliche Voraussetzung für die (kognitive und emotionale) Entwicklung ihrer Identität bilden und sind am besten geeignet, Einstellungen zu verändern und Krisensituationen zu bewältigen.[32] Heutzutage gibt es keine perfekte Kirchengemeinde, die der ersten Urgemeinde ähnlich sein und allen Bedürfnissen der Kirchenmitglieder und -besucher gerecht werden kann.

Deshalb soll sich jede Kirchengemeinde ein eigenes gemeinde-pädagogisches Gesamtkonzept entwickeln, das sie vor Selbstüberforderung schützen, bedarfs- und mitgliederorientiert sein und die vorhandenen Kräfte bündeln kann.[33]

Daraus erschließt sich, dass diese beiden Lernorte sich an den Fragen der Kinder orientieren sollen und keinesfalls von ihrer Lebenswirklichkeit losgelöst sein dürfen.

7 Das Ziel religiöser Erziehung

Religiöse Erziehung ist eine wichtigste Aufgabe der Eltern, weil Gott ihnen Kinder anvertraut hat. Diese Erziehung wird dann am besten gelingen, wenn die

---

[31] Bucher 2001 in: Boschki 2008, S. 131

[32] Biesinger 2005, S. 102

[33] Boschki 2008, S. 129

Kinder in ihrem Elternhaus zum einen Geborgenheit, Liebe und Respekt erleben und zum anderen die Gewissheit haben, bei ihren entscheidenden Lebens- und Glaubensfragen in allen Erziehungsphasen nicht allein gelassen zu sein. „Ehrlichkeit und Offenheit sind zentrale Maßstäbe einer zeitgemäßen religiösen Erziehung."[34]

Die Antworten könnten dann auf dem Weg zur Religionsmündigkeit der Kinder gefunden werden, wenn Eltern oder Religionspädagogen kompetent genug sind, auf Sorgen und Probleme der Kinder einzugehen, und ihnen mit wichtigen Impulsen sowie Anregungen zu verschiedenen Lösungen verhelfen können.

Die folgenden Anmerkungen des Pfarrers Reinmar Tschirch und des katholischen Theologen und Religionspädagogen Albert Biesinger führen zum eigentlichen Ziel religiöser Erziehung; zwar in unterschiedlicher Definition, jedoch den gleichen Sinn ergebend.

Nach Tschirch ist das Wesentliche in der religiösen Erziehung einem Kind zu vermitteln, dass es sein Vertrauen im Leben da festbindet, wo es wirklichen Halt findet, statt falschen Sicherheiten nachzulaufen; dass es in der Hoffnung bleibt, die in allen unbeständigen Bereichen beziehungsweise Situationen unseres Lebens nicht enttäuscht, dass es zur Liebe findet, die auch das Leben des anderen respektiert und fördert, statt das eigene Leben im Fokus zu behalten.[35]

Biesinger sieht ähnlich in der religiösen Erziehung die Aufgabe, die Kinder zu unterstützen, einfühlsam und rücksichtsvoll zu leben, damit sie selbstbewusst werden, wichtige Regeln im Leben beachten und vor allem Gottes Nähe und seine bedingungslose Liebe persönlich erfahren.[36]

Daraus erschließen sich für mich vier ausschlaggebende Argumente für die positive Beantwortung meiner Fragestellung „Haben Kinder das Recht auf religiöse Erziehung?" - Kinder haben das Recht auf religiöse Erziehung, weil sie hierdurch:

---

[34] Schweitzer 2013, S. 30

[35] Tschirch 1981, S. 31f

[36] Biesinger 2005, S. 14f

1) bei der Suche nach dem Lebenssinn unterstützt werden,

2) eine moralisch-ethische Lebensperspektive als Schutz vor der Orientierungslosigkeit bekommen,

3) zum selbstbewussten und verantwortungsvollen Leben gefördert werden,

4) und letztendlich zu einem vertrauensvollen Verhältnis zu Gott gelangen können.[37]

Zusammenfassend lässt sich festhalten, dass religiöse Erziehung wesentlich zur Persönlichkeitsbildung der Kinder beiträgt. Die Kinder werden im Leben kompetent und durch Werte-Erziehung zu selbstständigen, solidarischen und kritischen Menschen für ein Leben in der heutigen Gesellschaft befähigt.[38]

8 Wie die Kinder von religiöser Erziehung profitieren können

Im Folgenden möchte ich sieben Perspektiven nach Friedrich Schweitzer schildern, wie Kinder von religiöser Erziehung profitieren, und sie als kleine und meines Erachtens geeignete Zusammenfassung meiner Abhandlung erläutern:

1. Religiöse Erziehung unterstützt die kindliche Vertrauensbildung.
2. Religiöse Erziehung fördert die Widerstandskraft (Resilienz) in schwierigen Situationen.
3. Religiöse Erziehung ermöglicht Sinnerfahrung.
4. Religiöse Erziehung unterstützt die Wertebildung.
5. Religiöse Erziehung kann Kindern zu Ich-Stärke verhelfen.
6. Religiöse Erziehung eröffnet Zugänge zu einer besonderen, das Kind bereichernden Sprache und Bilderwelt.
7. Religiöse Erziehung ermöglicht die Erfahrung von Gemeinschaft.

9 Fazit

Wie diese Arbeit gezeigt hat, machen alle Kinder von der Geburt an verschiedene Erfahrungen, die von grundlegender Bedeutung für ihre spätere religiöse Entwicklung sind. Aus diesem Grund benötigen Kinder nicht nur Schutz, Zunei-

---

[37] Franke/ Hanisch 2000, S. 120

[38] Peterseil/Stadlbauer/Habringer-Hagleitner 2006, S. 9

gung und eine notwendige Grundversorgung, sondern auch eine religiöse Begleitung von ihren nahestehenden Bezugspersonen, hier insbesondere den Eltern. Die religiöse Erziehung beginnt bereits im Elternhaus, setzt im Kindergarten sowie in der Schule fort und mündet dann in der Konfirmation oder Kommunion. Damit die Kinder nicht bevormundet werden, sollten Erwachsene den Kindern im Rahmen der religiösen Erziehung die Entscheidung überlassen, ob sie sich für den christlichen Glauben entscheiden und ihn praktizieren oder sich gar von ihm distanzieren möchten.

Wir leben in einer pluralistischen Gesellschaft, in der die christlichen Werte mehr und mehr in die Frage gestellt und durch andere religiöse Angebote ersetzt werden. Außerdem erlebt Familie als die wichtigste Institution für die Erziehung der Kinder einen deutlichen Einbruch und ist nicht mehr Garant einer kompetenten und ausgewogenen (religiösen) Erziehung. Nach wie vor suchen Kinder die Antworten auf ihre Lebens- und Glaubensfragen und sind hierbei auf uns Erwachsene angewiesen.

Aus diesen fünf Fragen, die im Leben der Kinder zwangsläufig eines Tages gestellt werden, ergibt sich laut Schweitzer[39] das Recht der Kinder auf religiöse Erziehung:

1. Die Frage nach Sinn.
2. Die Frage der Gerechtigkeit.
3. Die Frage nach mir selbst und nach meiner Identität.
4. Die Frage nach dem anderen mit seiner Religion.
5. Die Frage nach Gott.

Meiner Meinung nach leistet religiöse Erziehung für das Leben junger Menschen einen äußerst wichtigen Beitrag, indem sie auf ihre Zweifel, Unsicherheiten oder Sorgen reagiert, Kinder mit vielseitigen religions-pädagogischen Angeboten an unterschiedlichen Lernorten, auch außerhalb der Familie fördert, ihnen moralisch-ethische Werte und Normen vermittelt, sie vor der Orientierungslosigkeit schützt und ihnen bei der Suche nach der Beziehung mit Gott helfen kann.

---

[39] Schweitzer 2003, S. 111f

10 Literaturverzeichnis

- Biesinger, Albert (2005): Kinder nicht um Gott betrügen. Anstiftungen für Mütter und Väter. 14.Auflage. Freiburg im Breisgau: Herder Verlag.

- Biesinger, Albert/ Kerner, Hans-Jürgen/ Klosinski, Gunther/ Schweitzer, Friedrich (Hrsg.) (2005): Brauchen Kinder Religion? Neue Erkenntnisse – Praktische Perspektiven. Weinheim und Basel: Beltz Verlag.

- Boschki, Reinhold (2008): Einführung in die Religionspädagogik. Darmstadt: Wissenschaftliche Buchgesellschaft.

- Die Bibel nach der Übersetzung Eugen Schlachters (2003): [Bibeltext in der neuen revidierten Fassung von 2000] 1.Auflage. Genf.

- Franke, Heiko/ Hanisch, Helmut (2000): Religiöse Erziehung im Vorschulalter. Grundlagen und praktische Hinweise. Stuttgart: Calwer Verlag.

- Hanisch, Helmut (1996): Die zeichnerische Entwicklung des Gottesbildes bei Kindern und Jugendlichen. Stuttgart: Calwer Verlag.

- Kunstmann, Joachim (2010): Religionspädagogik. 2. überarbeite Auflage. Stuttgart: UTB Verlag.

- Patenge, Martina (2006): Die Seele für den Himmel öffnen. Grundlagen religiöser Erziehung. Ostfildern: Matthias-Grünewald-Verlag.

- Peterseil, Josef/ Stadlbauer, Ulrike/ Habringer-Hagleitner Silvia (2006): Religion macht Kinder kompetent. Elf Themen praxisnah aufbereitet. 1.Auflage. Linz: Fachverlag Unsere Kinder.

- Raack, Dr. Wolfgang/ Doffing, Regina/ Raack Martin (2003): Recht der religiösen Kindererziehung. Unser Kind und seine Religion. München: Deutscher Taschenbuch Verlag.

- Schweitzer, Friedrich (2003): Pädagogik und Religion. Eine Einführung. Stuttgart: Verlag W.Kohlhammer.

- Schweitzer, Friedrich (2013): Das Recht des Kindes auf Religion. 1.Auflage. Gütersloh: Gütersloher Verlagshaus.

- Tschirch, Reinmar (1981): Gott für Kinder. Religiöse Erziehung - Vorschläge und Beispiele.

BEI GRIN MACHT SICH IHR
WISSEN BEZAHLT

- Wir veröffentlichen Ihre Hausarbeit,
  Bachelor- und Masterarbeit

- Ihr eigenes eBook und Buch -
  weltweit in allen wichtigen Shops

- Verdienen Sie an jedem Verkauf

Jetzt bei www.GRIN.com hochladen
und kostenlos publizieren